Matthias Wichmann

ARENA und Microsoft Access

Matthias Wichmann

ARENA und Microsoft Access

GRIN Verlag

Bibliografische Information der Deutschen Nationalbibliothek: Die Deutsche Bibliothek
verzeichnet diese Publikation in der Deutschen Nationalbibliografie; detaillierte bibliografische Daten sind im Internet über http://dnb.d-nb.de/ abrufbar.

1. Auflage 2004
Copyright © 2004 GRIN Verlag
http://www.grin.com/
Druck und Bindung: Books on Demand GmbH, Norderstedt Germany
ISBN 978-3-638-65726-6

Martin-Luther-Universität Halle-Wittenberg
Wirtschaftswissenschaftliche Fakultät

Seminararbeit

im Rahmen des Seminars
„Spezielle Wirtschaftsinformatik / Computerintegrierte Systeme"
SS 2004

ARENA und Microsoft Access

Name: Matthias Wichmann
Abgabedatum: 18. 05. 2004

1

ARENA und Microsoft Access

Stichworte: Access, ActiveX, ARENA, Datenbank, Fortsetzung, Kopplung, OLE, Simulation, VBA

Zusammenfassung

In dieser Seminararbeit werden die Möglichkeiten der Kopplung von Datenbanken und Simulationsprogrammen beschrieben. An einem Beispiel zur Fortsetzung abgebrochener Simulationsläufe auf Basis von VBA wird dabei die Kopplung von ARENA mit Access gezeigt.

Inhaltsverzeichnis:

Abbildungsverzeichnis:

Abkürzungsverzeichnis

CAD	Computer Aided Design
CORBA	Common Object Request Broker Architecture
DAO	Direct Access Object
DDE	Dynamic Data Exchange
OLE	Object Linking and Embedding
RDBMS	Relationales Datenbankmanagementsystem
SIMAN	Simulations of Manufacturing
VBA	Visual Basic for Applications
VDI	Verein Deutscher Ingenieure

1 Einleitung

Die technologische Entwicklung der Computer in den letzten Jahrzehnten hat es ermöglicht, Computer zur Lösung immer komplexerer Probleme einzusetzen.(vgl. Lassmann (Hrsg) S.36ff) Dabei ist der Einsatz von komplexer, allumfassende Software zum Lösen einer Vielzahl von Problemklassen wenig sinnvoll, da der volle Anwendungsumfang nur in den geringsten Fällen genutzt wird. Vielmehr wird der Einsatz spezifischer, auf eine Problemklasse ausgerichteter Software fokussiert, welche zum einen durch Spezialisten entwickelt wird, andererseits modular zu anderer Spezialsoftware einsetzbar ist. Beispiele für diese Art der Software sind zum einen Datenbankmanagementsysteme, welche der effizienten Verwaltung großer Datenmengen dienen (vgl. Heuer/ Saake, S.8), zum anderen Simulationssoftware, welche der Nachahmung dynamischer Prozesse wirklicher oder gedachter materieller Systeme mit Hilfe von Modellen zur Übertragung auf die Wirklichkeit eingesetzt wird (vgl. VDI). Die Kopplung beider Systeme ist sinnvoll, da zur Simulation benötigte Unternehmensdaten häufig in Datenbanken gespeichert sind, aber auch während Simulationen große Datenmengen anfallen können, deren Auswertung mit spezieller Statistiksoftware, zum Beispiel SPSS, auf Basis einer Datenbank effizient durchgeführt werden kann.

Ziel dieser Seminararbeit ist es, einen allgemeinen Überblick über die Kopplungsmöglichkeiten von Simulationssoftware, speziell ARENA, an Datenbanken, speziell Access, zu geben und diese an einem Beispiel darzustellen.

Diese Arbeit untergliedert sich in 5 Kapitel. In Kapitel 2 werden zunächst ARENA, Access und die technischen Grundlagen zur Programmkopplung kurz vorgestellt. Die Ziele der Kopplung eines Simulationsprogramms mit einer Datenbank und deren Umsetzung in ARENA und Access sind Inhalt des dritten Kapitels. Im vierten Kapitel wird die Programmkopplung an einem Beispiel zur Fortführung eines abgebrochenen Simulationslaufes dargestellt. Abschließend erfolgt im fünften Kapitel eine Zusammenfassung und ein Ausblick auf zukünftige Entwicklungsmöglichkeiten.

2 Grundlagen

2.1 ARENA

ARENA ist eine Software für Windows-Systeme zur ereignisdiskreten, prozessorientierten Simulation. Die Simulation mit ARENA ist dabei nicht auf eine spezifische Problemklasse beschränkt sondern vielfältig einsetzbar. So ist es beispielsweise möglich, Risikoabschätzungen für Investitionen, aber auch die Simulation von Prozessen in einer Werkshalle durchzuführen. ARENA bietet dafür eine graphische Benutzeroberfläche, auf der mittels Blöcken das Simulationsmodell erzeugt werden kann. Zur eigentlichen Simulation wird aus dem Simulationsmodell zur Laufzeit ein SIMAN- Programm generiert, welches schrittweise abgearbeitet wird. Zu Erweiterung des Funktionsumfanges von Arena gehören Tools zur Darstellung und Analyse der Eingabedaten (Input Analyzer), der dargestellten Prozesse (Process Analyzer) und auch der Ausgaben (Output Analyzer). Ebenso sind Werkzeuge zur Optimierung der Parameter in ARENA generierter Modelle verfügbar (OptQuest).

2.2 Access

Access ist ein von Microsoft bereitgestelltes relationales Datenbankmanagement-system (RDBMS). Es beruht dabei auf der Jet- Datenbank- Engine aus dem Hause Microsoft und stellt lediglich die graphische Benutzeroberfläche zum Umgang mit der Datenbank- Engine dar. Die graphische Oberfläche erlaubt das einfache Erzeugen, Modifizieren und Nutzen von Tabellen, Datenbankanfragen, Formularen und Berichten. Ebenso können Makros (eine Reihe von Befehlen und Anweisungen, die zu einem Befehl gruppiert werden) oder VBA (Visual Basic for Applications) zur Nutzung einbezogen werden. Gleichzeitig bietet Access Möglichkeiten zum direkten menügeführten Datenim- und –export von und zu anderen Microsoft- Applikationen. Über die ODBC- (Open Database Connectivity) Schnittstelle ist es weiterhin möglich, Daten mit anderen Datenbanken, zum Beispiel MySQL oder ORACLE, auszutauschen. (vgl. Wikipedia)

2.3 Schnittstellen

Zum Transfer von Daten und Informationen zwischen Applikationen gibt es im Umfeld der Windows- Systeme verschiedene Standards, welche im folgenden kurz erläutert werden sollen.

DDE

DDE (Dynamic Data Exchange) dient dem dynamischen Austausch von Daten zwischen verschiedenen Anwendungsprogrammen. „DDE ermöglicht eine Verknüpfung von Dateien oder Teilen von Dateien zwischen zwei Anwendungen, die den DDE-Standard unterstützen. Dabei wird zwischen einer Quellanwendung (Server) und einer Zielanwendung (Client) unterschieden, wobei die Zielanwendung eine komplette oder teilweise Kopie der Serverdatei aufnimmt. Werden die Daten in der Quelldatei geändert, so wird diese Informationen über die Verknüpfung zur Zielanwendung vermittelt und dort dynamisch aktualisiert. Eine DDE-Kommunikation kann aber auch einfach nur zum Austausch von Befehlen und Anweisungen zwischen zwei Programmen verwendet werden." (Kirk)

OLE

OLE (Object Linking and Embedding) ist der Nachfolger des DDE. Mit Hilfe von OLE können Mischdokumente erzeugt werden, bei denen Daten unterschiedlicher Herkunft jeweils weiterhin mit ihrem Ursprungsanwendungsprogramm bearbeitet werden können. Die Mischdokumente zeichnen sich dadurch aus, dass die Daten verschiedener Herkunft nicht an das spezifische Dokumentenformat angepasst, sondern als Objekte des Ursprungsprogramms in das Mischdokument eingebettet oder mit ihm verknüpft werden.

ActiveX

ActiveX ist eine Entwicklung der Firma Microsoft. Sie umfasst eine Reihe von Technologien zur Sicherstellung der Zusammenarbeit von Windows-Komponenten im Internet und Intranet. Diese Technologien sind: ActiveX-Controls, Active Scripting und Active Documents. ActiveX Controls beschreiben dabei Programme, die direkt ausgeführt werden und Zugriff auf die Hardware und das Betriebssystem haben können. Active Documents dienen der Darstellung von Nicht-HTML- Dokumenten in einem Internet-Browser. Active Scripting ermöglicht die Verwaltung von und die Kommunikation zwischen ActiveX- Controls. (vgl. Datenschutzzentrum)

VBA

VBA (Visual Basic for Applications) ist eine auf Visual Basic basierende Makrosprache zur Steuerung und Automatisierung von Programmabläufen. ActiveX stellt dabei die Grundlage der ereignisgesteuerten, objektorientierten Programmiersprache dar.

CORBA

CORBA (Common Object Broker Request Architecture) ist eine Middleware, welche eine orts-, plattform- und implementationsunabhängige Kommunikation zwischen Applikationen erlaubt. CORBA baut dabei auf einer Client- Server- Architektur auf. Kern der CORBA- Konzeption ist eine Trennung von Schnittstelle und Implementierung, so dass Client-Anfragen an einen Server auf Basis einer einheitlichen Schnittstelle geschehen. Die Implementierung einzelner Funktionen, Methoden oder Eigenschaften von Client- oder Server- Objekten ist dabei, unter Beachtung der Schnittstellendefinition, vollkommen freigestellt.

3 Kopplung von Simulationssoftware und Datenbanken

3. 1 Ziele der Kopplung

Wie bereits in der Einleitung aufgezeigt, gibt es verschiedene Ziele, die durch die Kopplung von Simulationssoftware mit Datenbanken erreicht werden sollen. Sie sollen im Folgenden dargestellt werden.

Speicherung, Bearbeitung und Abruf von Gesamtmodellen

Zum einen ist es möglich, Datenbanken mit jeweils gesamten Simulationsmodellen anzufertigen. Dies ist insbesondere dann sinnvoll, wenn Simulationsmodelle in gleicher oder leicht veränderter Form mehrfach genutzt werden. Die anzupassenden Parameter können als Variablen im Simulationsmodell abgebildet werden und brauchen nur noch an die spezifischen Ausprägungen eines zu simulierenden Problems angepasst zu werden. Ein denkbarer Fall wäre hierbei die Risikoanalyse einer Investition, wo für jede Investition andere spezifische Daten anfallen und somit das Risiko immer unterschiedlich ist.

Weiterhin können in bei einem Datenbank-gespeicherten Modell, anders als bei simulations-eigenen Dateiformaten, Parameter vor dem Simulieren auch aus anderen Anwendungen heraus gelesen und bearbeitet werden. Dies ermöglicht den automatisierten Abruf von Simulationsmodellen, welche an ein spezifisches Problem angepasst sind, allerdings nicht durch Programmcode zur Simulationslaufzeit verändert werden müssen.

Die Speicherung eines gesamten Modells in einer Datenbank gibt außerdem die Möglichkeit, ein Simulationsmodell direkt in einer Datenbank zu erzeugen oder zu verändern. So können nicht nur die Parameter einer Simulation in der Datenbank verändert werden, sondern, bei einem transparenten Datenbankaufbau, auch Module und Verbindungen zwischen Modulen gefunden, ergänzt und variiert werden. Die Bearbeitung des Simulationsmodells in einer Datenbank kann dann sinnvoll sein, wenn das Simulationsmodell außerhalb der Simulationssoftware, zum Beispiel mit einem CAD- Programm, automatisiert erstellt und bearbeitet we rden soll.

Speicherung, Bearbeitung und Abruf von Modulen

Die automatisierte Modellbearbeitung benötigt allerdings, neben Daten und Informationen über das Gesamtmodell, ebenso Daten über Simulationsmodule und

Submodelle. Ein Submodell setzt sich dabei aus einer Folge von Modulen zusammen. Die Speicherung und der Abruf der Module und Submodelle ist ein zweites Ziel der Verknüpfung von Simulationssoftware und Datenbanken. Durch die Verknüpfung der Moduldatenbank mit Designprogrammen kann so zum Beispiel während der Arbeit mit einem CAD- Programm „on the fly", also automatisiert, ein Simulationsmodell zum designten Objekt erzeugt werden. Dieses ist zum Beispiel im Bereich der Werksplanung möglich, wo während der Planung eines Fabriklayouts Maschinen und Fließbänder aneinander gereiht werden. Zur Prüfung des Systemsverhaltens kann hierbei ein Simulationsmodell, auf Basis von Modulen, welche an die jeweiligen Maschinen und Fließbänder angepasst sind, automatisiert erstellt werden und so das Systemverhalten direkt nach der Erstellung des Fabriklayouts simuliert werden.

Eine weitere Einsatzmöglichkeit einer Moduldatenbank ist in der Erstellung von Simulationsmodellen innerhalb der Simulationssoftware zu finden. Durch die Vorgabe verschiedener spezifischer Module mit jeweils unterschiedlichen Parametern, zum Beispiel Automotoren mit verschiedenen Leistungen, Umdrehungszahlen etc, kann dem Erzeuger des Simulationsmodells die Arbeit erleichtert werden. Er braucht so lediglich ein spezifisches Modul auszuwählen und muss die spezifischen Parameter nicht erst selbst beschaffen.

Veränderung von Simulationsparametern

Der Zugriff auf spezifische Parameter von Simulationsmodellen ist ein weiteres Ziel der Kopplung von Datenbanken an Simulationssoftware. So gibt es Anwendungsbereiche, in denen Parameter simulierter Prozesse funktional abhängig vom Systemzustand sind. Die Funktionen können in solchen Fällen in einer Unternehmens- oder Professionsdatenbank hinterlegt sein. Demnach muss zur Laufzeit eine Kopplung des Simulationsmodells mit der entsprechenden Datenbank stattfinden. Die Datenbank stellt in diesem Fall Daten für das Simulationsmodell zur Verfügung. Die Daten müssen dabei nicht als explizite Zahlen vorliegen, sondern können auch Funktionen sein. Beispiele für benötigte Funktionsverläufe sind beispielsweise Dichtefunktionen in der chemischen Industrie oder Signalverläufe von elektronischen Filtern.

Speicherung der Simulationsergebnisse

Ein viertes Ziel der Kopplung ist die effiziente Speicherung von Simulationsergebnissen. Dazu gehört auch das Speichern laufzeitabhängiger Daten, um freiwillig oder unfreiwillig abgebrochene Simulationsläufe, fortzusetzen. Der Hauptgesichtspunkt dabei sind Kostenvorteile, denn komplexe Modelle können zum einen eine Vielzahl an auszuwertenden Daten generieren, zum anderen beanspruchen sie lange Rechenzeiten, so dass Simulationsabbrüche unnötig Unternehmensressourcen beanspruchen. Die Speicherung von Simulationsergebnissen hat weiterhin den Vorteil, dass die generierten Daten weiterer Spezialsoftware, beispielsweise SPSS zur statistischen Auswertung, zur Verfügung stehen.

Einsatz von Spezialisten

Durch den, auch räumlich getrennten, Mehrbenutzerzugriff, der bei allen Datenbankmanagementsystemen möglich ist, ergibt sich ein weiterer Vorteil, welcher für alle vier oben genannten Zielbereiche zutrifft. Dies ist die Möglichkeit der Delegation von Aufgaben an Spezialisten oder getrennte Arbeitsgruppen. So können Simulationsexperten das Simulationsmodell kreieren, während Statistikexperten die Daten auswerten und Facharbeiter bzw. Abteilungsleiter die zur Simulation benötigten, tatsächlichen Prozessparameter zur Verfügung stellen. Ohne eine Datenbankkopplung stünden Daten nur in der jeweils für den Spezialisten angenehmsten oder vertrautesten Format zur Verfügung. Der Einsatz von Spezialisten sichert weiterhin die Konsistenz der Ergebnisse und dient damit der Minimierung des Risikos einer Fehlentscheidung auf Basis falscher Ergebnisse.

3. 2 Umsetzung in Arena und Access

Die Umsetzung der in Kapitel 3.1 angegebenen Ziele wird im Folgenden am Beispiel der Simulationssoftware ARENA und des Datenbankmanagementsystems Access dargestellt.

Die Kommunikation zwischen ARENA und Access wird mittels VBA und ActiveX realisiert. So stehen für beide Applikationen Objektklassen zum Bearbeiten eines Simulationsmodells und einer Datenbank zur Verfügung.

Speicherung und Abruf von Gesamtmodellen

Zur Export und Import eines gesamten Modells in eine Access- Datenbank wurde von den Entwicklern von ARENA eine Klassenbibliothek zur Verfügung gestellt. Diese generiert beim Export für jeden Block des Simulationsmodells eine eigene Tabelle in der Datenbank. Weiterhin werden Tabellen mit allgemeinen Replikaktionsparametern (z.b. Replikationsanzahl), Variablen, Sichten, Submodule sowie Informationen über die Verknüpfung der Module erstellt. Diese Tabellen können ebenso in ARENA importiert und in ein Simulationsmodell konvertiert werden. Der Export und Import der Modelle kann dabei entweder über den Befehl „Export Model To Database" bzw. „Import Model From Database" im Menü „Tools" oder in einem VBA- Block über die entsprechenden Methoden der Klassenbibliotheken durchgeführt werden. Allerdings ist der Export und Import von Modellen auf ein Modell je Datenbank beschränkt. Es ist nicht möglich, in einer Datenbank mehrere Modelle zu speichern. Weiterhin werden keine laufzeitspezifischen Ergebnisse in dieser Datenbank gesichert. Die in der Datenbank gesicherten Parameter können allerdings sehr leicht, auch aus anderen Applikationen oder VBA-Code, an gewünschte Daten angepasst werden.

Speicherung, Bearbeitung und Abruf von Modulen

Der Export und Import einzelner Module oder Submodelle in eine Datenbank ist nicht komfortabel in ARENA umgesetzt. Es gibt allerdings die Möglichkeit, diese mittels VBA in eine Datenbank zu exportieren oder aus ihr zu importieren. Das gleiche gilt für das Einlesen von Eingabeparametern aus einer externen Datenbank sowie der Speicherung von Simulationsergebnissen in einer Datenbank.

Zur Speicherung der Module kann man zum einen auf die Methode „ExportModules" des „Model"- Objektes zurückgreifen, zum anderen können alle modulspezifischen Daten ausgelesen und in einer Datenbanktabelle gesichert werden. Das Importieren von Modulen kann gleichartig über die Methode „ImportModules" des „Model"- Objektes oder über das Generieren eines neuen leeren Moduls des gewünschten Typs sowie der Zuweisung aller Werte aus den Daten der Datenbanktabelle geschehen. Beide Arten des Datentransfers unterliegen allerdings Beschränkungen. Da ARENA das Simulationsmodell zur Laufzeit in ein SIMAN- Programm konvertiert, können einige Modulparameter, zum Beispiel die Anzahl der maximal zu erzeugenden Entities eines Create- Blockes, zur Laufzeit nicht geändert werden.

Durch VBA erzeugte Veränderungen an einem Modul werden erst zum Zeitpunkt der nächsten Konvertierung, also dem Beginn der nächsten Replikation oder dem Neustart des Simulationslaufes, in das Modell einbezogen. Teilweise kann dem durch Repräsentation der Parameter als Modellvariable entgegengewirkt werden. Dies ist aber nicht in jedem Fall möglich.

Veränderung von Simulationsparametern

Die Darstellung von Prozessparametern durch Variable ermöglicht es auch, Eingabedaten und Eingabefunktionen zur Laufzeit im Simulationsmodell zur Verfügung zu stellen. Die Variablenwerte können dabei mittels VBA geändert werden. VBA dient gleichzeitig als Schnittstelle zu einer Daten bereitstellenden Datenbank. Funktionen können direkt im VBA-Quelltext analysiert und eine Funktionswertberechnung durchgeführt werden. Eine Übergabe einer Funktion z.B. als Zeichenkette an eine Variable ist nicht möglich. Auch die direkte Übergabe als Prozessparameter an einen Block ist, aufgrund der oben beschriebenen SIMAN-Konvertierung, sehr schwer zu realisieren.

Speicherung der Simulationsergebnisse

Das Zwischenspeichern von Daten zur Laufzeit ist hingegen möglich. Dabei können sowohl Entity- Attribute als auch nutzerdefinierte SIMAN- Variablen gespeichert werden. Auf Systemvariablen kann ebenfalls zugegriffen werden, und deren Speicherung wäre, zum späteren Setzen des Systemzustandes, sinnvoll. Aufgrund der bereits mehrfach erwähnten Konvertierung ist allerdings kein schreibender Zugriff auf bestimmte Systemvariablen möglich. Dies verhindert ein Rückschreiben des gespiegelten Systemzustandes und erübrigt so das aufwändige bestimmen und sichern der Systemvariablen. Durch eine Umgestaltung des Simulationsmodells kann das System allerdings nach einer relativ kurzen Laufzeit den Abbruchszustand erreichen und, an alten Ergebnissen anknüpfend, den Simulationslauf fortsetzen. Dazu ist es notwendig die gewünschten, zu betrachtenden Attribute und Variablen permanent zu speichern und sicherzustellen, dass Informationen über den Abbruchzeitpunkt zur Verfügung stehen. Im Kapitel 4 wird hierzu ein Lösungsansatz vorgestellt.

Einsatz von Spezialisten

Das Zugrundelegen der Access- Datenbank erlaubt den, auch lokal getrennten, Mehrbenutzerzugriff über Netzwerke. Allerdings ist die Access- Architektur nur für kleine bis mittlere Datenbanken ausgelegt. Eine heterogene Netzwerkstruktur, zum Beispiel mit Wireless LAN- Komponenten, kann die Nutzung von Access- Programmen und – Datenbanken ebenfalls beeinträchtigen. (vgl. Wikipedia)

4 Simulationsfortsetzung am Beispiel einer Stanzmaschine

Im Folgenden wird die Kopplung von ARENA und Access an einem Beispiel zur Fortsetzung eines abgebrochenen Simulationslaufes vorgestellt.

4. 1 Vorbetrachtungen

In der Simulation ist eine Stanzmaschine dargestellt. Die zu bearbeitenden Werkstücke erreichen das System in einem festen Abstand. Nachdem eine vorher festgelegte Anzahl von Werkstücken das System durchlaufen hat, endet die Simulation. Die Anzahl der Durchläufe kann im vorhinein eingestellt werden. Ziel des Simulationsmodells ist es, den Zustand des Systems zu einem beliebigen Zeitpunkt zwischenzuspeichern und beim nächsten Simulationslauf fortzuführen. Im Vorhinein ist festzuhalten, dass eine genaue Spiegelung aller Systemparameter, wie zum Beispiel die Seeds der Zufallszahlen, nicht explizit möglich ist (vgl. Kapitel 3.2, S. 7ff). Einige Werte, wie die Seeds, können zwar im vorhinein festgelegt werden, sind aber zur Laufzeit nicht auslesbar. Die SIMAN- Konvertierung des Simulationsmodells (vgl. Kapitel 2.1, S. 2) verhindert es weiterhin, einige Simulationswerte, wie zum Beispiel die Anzahl der maximal zu erzeugenden Entities, zur Laufzeit zu bearbeiten. Das im folgenden vorgestellte Simulationsmodell bietet daher die Möglichkeit, ausgewählte Simulationsdaten, in diesem Fall die Bearbeitungs- und die Wartezeit der einzelnen Entities, zwischenzuspeichern und ist in der Lage, bei abgebrochenen Simulationsläufen nur diejenigen Entities im Hauptteil des Modells zu simulieren, die diesen noch nicht durchlaufen haben. Alle anderen, also in vorhergehenden Läufen bereits bearbeitete, Entities werden sofort zu dem unteren Dispose- Block geleitet und aus dem System entfernt.

Für die Generierung und Fortschreibung der Datenbank wird der VBA- Editor in ARENA verwendet. Dieser ist entweder über das Menü Tools / Macro / Show Visual Basic Editor oder über die Tastenkombination Alt + F11 erreichbar. Zur Nutzung der Datenbank sind 5 ereignisgesteuerte und 1 selbsterstellte Prozedur notwendig. Die ereignisgesteuerten Prozeduren sind ModelLogic_RunBeginSimulation(), ModelLogic_RunBeginReplication(), VBA_Block_1_Fire(), ModelLogic_RunEndReplication() und ModelLogic_RunEndSimulation(). Die selbsterstellte Prozedur heißt

15

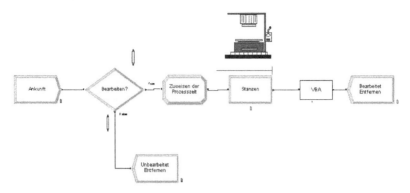

Abbildung 4.1 / 1: Fortsetzbares Simulationsmodell

OpenDB(Name). Zur Nutzung des Modells muss, zusätzlich zu den Standard ActiveX- Bibliotheken, die „Microsoft DAO 3.51 Object Library" aktiviert werden. Die Blöcke, Funktionen und Abläufe der einzelnen Prozeduren sollen im folgenden, in Anlehnung an den logischen Ablauf, dargestellt werden.

4. 2   Die Blöcke im Modell

Der Block „Ankunft" generiert 1000 Entities im Abstand von konstant 10 Minuten, welche das System durchlaufen.

Im Block „Bearbeiten?" wird entschieden, ob die Entity bearbeitet werden und damit in den Hauptprozess des Simulationsmodells geleitet werden soll oder nicht. Die Verzweigungsbedingung lautet dabei :

$$Ankunft.NumberOut > ContinueNumber$$

Ankunft.NumberOut ist die Anzahl der erstellten Entities der aktuellen Replikation; ContinueNumber ist eine Variable, die angibt, ab welcher Entity der Hauptprozess durchlaufen werden soll. Dies ist notwendig für das Fortsetzen von abgebrochenen Simulationsläufen. Initialisiert wird die Variable mit 0, so dass jede Entity im Hauptprozess simuliert wird. Die Prozedur „ModelLogic_RunCurrentReplication()" verändert ihren Inhalt auf den für die jeweilige Replikation zutreffenden Wert.

Im Block „Zuweisen der Prozesszeit" wird den Entities jeweils das Attribut „ProcessTime" zugewiesen. Dieses ergibt sich aus einer Normalverteilung mit dem Mittelwert 10 [Minuten] und der Standardabweichung von 2, addiert mit dem Wert der Variablen „FirstDelay". Diese Variable repräsentiert die Wartezeit der ersten im Hauptprozess simulierten Entity. Sie ist notwendig, um bei abgebrochenen

16

Simulationsläufen die Wartezeit der den Hauptprozess durchlaufenden Entities wiederherzustellen und so die Konsistenz des Simulationsergebnisses zu gewährleisten.

Weiterhin wird der Variablen „FirstDelay" in diesem Block der Wert 0 zugewiesen, da die erstmalige Verzögerung bereits zur Prozesszeit der ersten durch den Block laufenden Entity hinzugefügt wurde und die anderen Entities nicht mehr betrifft.

Im Prozess „Stanzen" wird die Ressource „Stanze" für die im Entityattribut „ProcessTime" hinterlegte Prozessdauer in Anspruch genommen.

Im VBA-Block werden die Nummer, die Wartezeit und die Prozesszeit der im Block ankommenden Entity in die Datenbank gesichert.

Die Blöcke „Bearbeitet Entfernen" und „Unbearbeitet Entfernen" entfernen jeweils ankommende Entities aus dem System.

4. 3 VBA - Code

Im VBA-Code ist es zunächst nötig, einige globale Variable zu definieren, welche Daten prozedurübergreifend zur Verfügung stellen. Die Variable „db" verweist auf die Datenbank, die Variable „m" auf das Simulationsmodell und die Variable „s" auf das SIMAN- Objekt des Modells, aus dem spezifische Variablen und Werte ausgelesen und geändert werden können. Weiterhin werden globale Variablen zum Zählen der Entities und zum Aufnehmen von Zwischenwerten definiert.

```
1. Option Explicit
2. Dim db As DAO.Database 'Datenbank
3. Dim m As Model          'Modell
4. Dim s As siman          'SIMAN
5. Dim count As Long       'Hilfsvariablen; count: zählt die entities
6. Dim SaveTime As Double  'Savetime: speichert den Wert für die Warte-
7.                         'zeit zwischen
```
Abbildung 4.3/1: Globale Variablen

4. 3. 1 Funktion OpenDB(Name)

Die Aufgabe der Funktion OpenDB(Name) ist es, eine Datenbank mit dem angegebenen Dateinamen zurückzuliefern. Dabei wird zunächst die Datenbank mit dem angegebenen Namen geöffnet (Zeile 8). Sofern die Datenbank existiert erscheint ein Nachrichtenfenster mit der Meldung, dass ein angefangener Simulationslauf gefunden wurde (Zeile 11). Der Nutzer hat die Möglichkeit, den Simulationslauf weiterzuführen oder einen neuen zu beginnen.

```
1.  Private Function OpenDB(name As String) As Database
2.  'Funktion zum Öffnen oder Erstellen der Datenbank
3.  Dim dbase As Database
4.  Dim td As TableDef
5.  Dim mbres As VbMsgBoxResult
6.  Dim i As Integer
7.  On Error GoTo ErrHandle
8.  Set dbase = OpenDatabase(name)
9.  'Wenn Code bis hier gelaufen existiert Datenbank
10. 'Abfrage, ob Lauf weitergeführt werden soll
11. mbres = MsgBox("Es wurde ein angefangener Simulationslauf " &_
12.      "gefunden. Soll dieser fortgesetzt werden?", vbYesNo)
13. Select Case mbres
14. Case vbYes: Set OpenDB = dbase
15. Case vbNo:
16.      For i = (dbase.TableDefs.count - 1) To 0 Step -1
17.          Set td = dbase.TableDefs(i)
18.          If Left(td.name, 4) <> "MSys" Then
19.              dbase.TableDefs.Delete (td.name)
20.              DBEngine.Idle
21.          End If
22.      Next
23.      dbase.TableDefs.refresh
24.      'Rückgabe der Datenbank
25.      Set OpenDB = dbase
26. End Select
27. 'Abbruch der Funktion
28. Exit Function
29. 'Fehlerbehandlung
30. ErrHandle:
31. Select Case Err.Number
32. Case 3024 'Fehlernummer für: Datenbank nicht vorhanden
33.      'Erzeugen einer neuen Datenbank
34.      Set dbase = CreateDatabase(name, dbLangGeneral)
35.      Set OpenDB = dbase
36. 'Fehlerbehandlung aller restlichen Fehler
37. Case Else
38. MsgBox "Ein Fehler ist aufgetreten, bitte probieren Sie es erneut.",
         vbOKOnly, "Fehler"
39. End Select
40. End Function
```

Abbildung 4.3.1/1: Funktion OpenDB(Name)

Wenn der Simulationslauf weitergeführt werden soll, wird die Datenbank mit den Zwischenergebnissen an die aufrufende Funktion zurückgeliefert. (Zeile 14)

Soll der Simulationslauf nicht weitergeführt werden (Zeile 15), so wird aus der Datenbank jede Tabelle mit Zwischenergebnissen gelöscht (Zeile 16-21); die Systemtabellen bleiben erhalten. Der Befehl DBEngine.Idle (Zeile 20) stellt dabei sicher, dass die angeforderte Operation in der Datenbank zu Ende geführt wird. Nach dem Löschen der Wertetabellen wird die Datenbank an die aufrufende Funktion zurückgeliefert (Zeile 25).

Wenn die Datenbank nicht existiert, kommt es zum Fehler 3024, der in der Fehlerbehandlung abgefangen wird. Zur Fehlerbehebung wird eine neue, leere Datenbank mit dem angegebenen Dateinamen erzeugt (Zeile 32-35).

Jeder andere Fehler führt zur Ausgabe der Meldung: „Ein Fehler ist aufgetreten, bitte versuchen Sie es erneut" (Zeile 38).

4. 3. 2 Prozedur ModelLogic_RunBeginSimulation()

```
1. Private Sub ModelLogic_RunBeginSimulation()
2. Dim ModelDir As String 'Hilfsvariablen
3. 'Festlegen globaler Variablen:
4. 'Pointer auf das Modell und
5. Set m = ThisDocument.Model
6. 'das zugehörige Siman-Objekt
7. Set s = m.siman
8. 'Bestimmung des Verzeichnisses der Simulationsdatei
9. ModelDir = Mid(m.FullName, 1, Len(m.FullName) - Len(m.name))
10. 'Öffnen der Datenbank für Zwischenergebnisse
11. Set db = OpenDB(ModelDir + "Zwischenwerte.mdb")
12. End Sub
```
Abbildung 4.3.2/1: Prozedur ModelLogic_RunBeginSimulation()

Diese Prozedur wird zum Beginn des Simulationslaufes von ARENA aufgerufen. Sie dient der Initialisierung der globalen Variablen. Die Variable m wird dabei zu einem Pointer auf das Modell (Zeile 5), die Variable s wird ein Pointer auf das SIMAN-Objekt des Modells (Zeile 7) und die Variable db wird ein Pointer auf die Datenbank zum Zwischenspeichern der Simulationswerte (Zeile 11). Die Bestimmung des Modellverzeichnisses dient der Konsistenzsicherung, damit die Datenbank mit den Zwischenwerten im gleichen Verzeichnis wie das Modell abgelegt wird.

4. 3. 3 Prozedur ModelLogic_RunBeginReplication()

Diese Prozedur wird zu Beginn jeder Replikation aufgerufen. Hierbei wird zunächst die Replikationsnummer bestimmt und in einer lokalen Variablen gesichert (Zeile 8). Weiterhin werden Zählvariablen auf null gesetzt. Dies ist erforderlich, da sie bereits in vorangegangenen Replikationen genutzt wurden.

Die Variable „count" dient dabei zur Indizierung der Entities für die Speicherung.

Die Variable „SaveTime" beinhaltet eine einmalig zuzurechnende Verzögerung auf die im Folgenden näher eingegangen wird.

Um zu prüfen ob die aktuelle Replikation bereits bearbeitet wurde, wird die Datenbank nach einer Wertetabelle der aktuellen Replikation (mit dem Namen „Werte"+ Replikationsnummer) durchsucht (Zeile 14 - 36).

```
1.  Private Sub ModelLogic_RunBeginReplication()
2.  Dim td As TableDef
3.  Dim fd As Field
4.  Dim rs As Recordset
5.  Dim repl As Integer
6.  Dim ExistFlag As Boolean
7.  'Bestimmung der Replikationsnummer
8.  repl = s.RunCurrentReplication
9.  'Nullsetzen der Replikationsvariablen für VBA
10. count = 0
11. SaveTime = 0
12. ExistFlag = False
13. 'Suche nach Wertetabelle der Replikation
14. For Each td In db.TableDefs
15.     If td.name = "Werte" + Right(Str(repl), Len(Str(repl)) - 1) Then
16.         'Zähler initialisieren
17.         count = td.RecordCount
18.         If count > 0 Then
19.             'Öffnen der Wertetabelle und Setzen der Siman-Variablen
20.             Set rs = db.OpenRecordset("Werte" + Right(Str(repl), _
21.                 Len(Str(repl)) - 1), dbOpenDynaset)
22.             rs.FindFirst ("Entity=" & count)
23.             s.VariableArrayValue(s.SymbolNumber("ContinueNumber")) = _
24.                 rs![Entity]
25.             s.VariableArrayValue(s.SymbolNumber("FirstDelay")) = _
26.                 rs![Wait_Time] + rs![Process_Time] - 10
27.             SaveTime = rs![Wait_Time] + rs![Process_Time] - 10
28.             'Wenn keine Werte in der Tabelle --> Nullsetzen der Siman-Var.
29.         Else
30.             s.VariableArrayValue(s.SymbolNumber("ContinueNumber")) = 0
31.             s.VariableArrayValue(s.SymbolNumber("FirstDelay")) = 0
32.             SaveTime = 0
33.         End If
34.         ExistFlag = True
35.     End If
36. Next
37. 'Wenn keine Wertetabelle existiert:
38. If Not ExistFlag Then
39.     'Anlegen der Wertetabelle
40.     Set td = db.CreateTableDef("Werte" + Right(Str(repl), _
41.         Len(Str(repl)) - 1))
42.     Set fd = td.CreateField("Entity", dbLong)
43.     td.Fields.Append fd
44.     Set fd = td.CreateField("Process_Time", dbDouble)
45.     td.Fields.Append fd
46.     Set fd = td.CreateField("Wait_Time", dbDouble)
47.     td.Fields.Append fd
48.     db.TableDefs.Append td
49.     'Nullsetzen der Variablen
50.     s.VariableArrayValue(s.SymbolNumber("ContinueNumber")) = 0
51.     s.VariableArrayValue(s.SymbolNumber("FirstDelay")) = 0
52.     SaveTime = 0
53. End If
54. End Sub
```

Abbildung 4.3.3/1: Prozedur ModelLogic_RunBeginReplication()

Sofern eine Wertetabelle vorhanden ist, wird die Anzahl der darin enthaltenen Datensätze ermittelt (Zeile 17). Sind Datensätze vorhanden, dann wurde die

Replikation zumindest teilweise bearbeitet. Nun müssen die Variablen „ContinueNumber", „FirstDelay" und die VBA- Variablen für die Fortführung der Replikation gesetzt werden. Dazu wird der Datensatz der letzten gespeicherten Entity geladen (Zeile 22). Die Variable „ContinueNumber" wird auf die Nummer der letzten Entity gesetzt. (Zeile 23) Somit werden alle Entities, die eine höhere Nummer als die letzte gespeicherte Entity haben, im „Bearbeiten?"- Block in den Hauptprozess geleitet; alle Entities mit einer kleineren oder der gleichen Nummer werden sofort zum Block „Unbearbeitet Entfernen" geleitet und dort aus dem System entfernt.

Für die Fortführung eines abgebrochenen Simulationslaufes muss die Prozesszeit der ersten durch den Hauptprozess laufenden Entity um die Wartezeit verlängert werden, die bei abbruchsfreier Simulation auftreten würde. Dies ist nötig, da im „Stanzen"- Block keine singulär auftretende Verzögerung modelliert werden kann. Generell beträgt eine Wartezeit:

Wartezeit (Nachfolger) =   Wartezeit(Vorgänger) + Prozesszeit(Vorgänger)

– zeitlicher Abstand (Nachfolger, Vorgänger)

Die der ersten Entity zuzurechnende Wartezeit wird anhand der Daten der letzten gesicherten Entity ermittelt. Der zeitliche Abstand zwischen den Entities entspricht dem Ankunftsintervall, in diesem Fall 10 Minuten. Die so ermittelte Wartezeit wird in der ARENA- Variablen „FirstDelay" und in der globalen VBA- Variablen „SaveTime" gesichert (Zeile 24 - 27). Die Speicherung als ARENA- Variable ermöglicht es, im Block „Zuweisen der Prozesszeit" die Prozesszeit direkt, ohne VBA-Block, um die benötigte Zeit zu verlängern. Da die Variable sofort nach ihrer Nutzung auf 0 gesetzt wird, werden nachfolgende Entities von ihr nicht mehr beeinflusst. Die zweite Speicherung der Wartezeit ist nötig, um die Durchlaufzeit der ersten den Hauptprozess durchlaufenden Entity zum Sichern in der Datenbank in seine Bestandteile „Wait_Time" und „Process_Time" aufzuspalten.
Durch den Einbezug der Wartezeiten kann für alle nachfolgenden Entities der gleiche Systemzustand wie bei einer durchweg laufenden Simulation erreicht werden.

Das Vorhandensein von Datensätzen ist aber nicht der einzige mögliche Fall. Es kann auch sein, dass die Wertetabelle der Replikation existiert, allerdings keine Werte darin enthalten sind. Dies tritt auf, wenn eine neue Replikation beginnt, der

Lauf aber abbricht, bevor der VBA-Block aktiviert wurde. In diesem Fall werden die Variablen „ContinueNumber", „FirstDelay" und „SaveTime" auf 0 gesetzt (Zeile 29-33). So durchläuft jede Entity den Hauptprozess, wird aber nicht durch eine Verzögerung verändert.

Sofern die Werttabelle der Replikation existiert, wird das Flag „ExistFlag" auf wahr gesetzt (Zeile 34).

Wenn keine Wertetabelle existiert, das Flag „ExistFlag" also negativ ist, wird eine neue Wertetabelle für die Replikation angelegt und die Variablen „ContinueNumber", „FirstDelay" und „SaveTime" auf 0 gesetzt (Zeile 36 – 53).

Am Ende des Prozedurablaufes sind die Modellvariablen „ContinueNumber" und „FirstDelay" auf die für die Replikation zutreffenden Werte gesetzt.

4. 3. 4 Prozedur VBA_Block_1_Fire()

```
1.  Private Sub VBA_Block_1_Fire()
2.  Dim rs As Recordset
3.  Dim i, repl As Integer
4.  'Bestimmen der Replikationsdaten
5.  repl = s.RunCurrentReplication
6.  count = count + 1
7.  'Wertetabelle öffnen & Datensatz erzeugen
8.  Set rs = db.OpenRecordset("Werte" + Right(Str(repl), _
9.        Len(Str(repl)) - 1), dbOpenDynaset)
10. i = s.ActiveEntity
11. rs.AddNew
12. rs![Entity] = count
13. If SaveTime > 0 Then
14.     'Setzen der Entity- Daten im Datensatz
15.     rs![Process_Time] = s.EntityAttribute(i, _
16.           s.SymbolNumber("ProcessTime")) - SaveTime
17.     rs![Wait_Time] = SaveTime
18.     SaveTime = 0
19. Else
20.     rs![Process_Time] = s.EntityAttribute(i, _
21.           s.SymbolNumber("ProcessTime"))
22.     rs![Wait_Time] = s.EntityWaitTime(i)
23. End If
24. 'Speichern des Datensatzes in der Datenbank
25. rs.Update
26. End Sub
```
Abbildung 4.3.4/1: Prozedur VBA_Block_1_Fire()

Diese Prozedur wird ausgeführt, sobald der VBA-Block erreicht wird. Es wird zunächst die Replikationsnummer ermittelt (Zeile 5), danach wird der Entity- Zähler „count" um 1 erhöht (Zeile 6). Anschließend wird die Wertetabelle der Replikation geöffnet (Zeile 8-9) und mit einem neuen Datensatz ergänzt (Zeile 11). In diesen Datensatz wird der Entity-Index „count" als „Entity" geschrieben (Zeile 12).

Wenn der Wert von SaveTime > 0 ist, handelt es sich um die erste den Hauptprozess durchlaufene Entity einer Replikation (vgl. Abschnitt 4.3.3, S. 14 ff). Hier müssen die Bestandteile „Process_Time" und „Wait_Time" aus dem Entity-Attribut „ProcessTime" ermittelt und in den Datensatz geschrieben werden (Zeile 15-17). Anschließend wird die Variable „SaveTime" auf 0 gesetzt (Zeile 18), so dass bei allen nachfolgenden Entities nur die durch Simulation ermittelten Attribute gespeichert werden.

Ist die Variable „SaveTime" gleich 0, werden das Entity- Attribut „ProcessTime" und die Wartezeit der Entity im simulierten Modell in den Datensatz geschrieben (Zeile 20-22). Das Schreiben des Datensatzes in die Datenbank erfolgt in Zeile 25.

4. 3. 5 Prozedur ModelLogic_RunEndReplication()

```
1. Private Sub ModelLogic_RunEndReplication()
2. 'Rücksetzen der Variablen "ContinueNumber" auf 0
3. s.VariableArrayValue(s.SymbolNumber("ContinueNumber")) = 0
4. End Sub
```
Abbildung 4.3.5/1: Prozedur ModelLogic_RunEndReplication()

Diese Prozedur wird zum Abschluss einer Replikation aufgerufen. Sie setzt die Variable „ContinueNumber" zurück auf 0, damit nachfolgende Replikationen korrekt ausgeführt werden können.

4. 3. 6 Prozedur ModelLogic_RunEndSimulation()

```
1. Private Sub ModelLogic_RunEndSimulation()
2. 'Schließen der Datenbank
3. db.Close
4. End Sub
```
Abbildung 4.3.6/1: Prozedur ModelLogic-RunEndSimulation()

Diese Prozedur wird am Ende der Simulation aufgerufen. Sie schliesst die Datenbank. So sind nachfolgend uneingeschränkte Zugriffe auf die Datenbank möglich.

4. 4 Auswertung

Das vorgestellte Modell stellt eine Möglichkeit zum Fortsetzen eines abgebrochenen Simulationslaufes dar und Modell erfüllt das gesetzte Ziel in ausreichendem Maß. Eine hundertprozentige Wiederherstellung des Systemzustandes ist, aufgrund des Fehleden Schreibzugriffes auf einige Simulationsparameter, zwar nicht möglich, aber die relevanten Entity- Daten sind zu jedem Zeitpunkt gesichert.

Durch das Auslassen von Entities aus dem Hauptteil des Modells ist es nicht möglich, ARENA- interne Auswertungstools wie den „Category Overview" zur statistischen Auswertung eines fortgesetzten Simulationslaufes zu nutzen. Der Grund liegt hierbei im Fehlen von Entitiy- Werten nicht bearbeiteter Entities. Allerdings ist eine statistische Auswertung auf Basis der Zwischenergebnis- Datenbank möglich. Da diese Datenbank beim Beenden eine Simulation nicht gelöscht wird, sind aller relevanten Informationen hier verfügbar.

Ebenso ist die Konsistenz der Zufallszahlenfolgen gesichert. Da ein Modell, wenn nicht anders angegeben, immer mit den gleichen Zufallszahlen- Streams initialisiert, bleibt in diesem Modell auch nach Abbruch und Fortsetzung eines Simulationslaufes das gleiche Abarbeiten der Folge von Pseudo- Zufallszahlen gewährleistet. Dies erreicht man, indem jede Entity tatsächlich erzeugt, und der Zufallszahlen- Stream so jeweils fortgeschrieben wird. Würde eine abgebrochene Replikation nur mit der ausstehenden Anzahl von Entities simuliert werden, so würde für die erste Entity des Fortsetzungslaufes die gleiche Zufallszahl wie für die erste Entity des ersten Laufes generiert werden. Dies hätte zur Folge, dass die erste Entity des Fortsetzungslaufes die gleiche Prozesszeit wie die erste Entity des ersten Laufes hätte. Auch die Werte aller weiteren Entities wären jeweils gleich.

Trotz der Erzeugung aller Entities der Simulation ist die Laufzeit eines Fortsetzungslaufes geringer als die eines durchweg arbeitenden Simulationslaufes. Dies liegt daran, dass die rechenintensiven Module von bereits simulierten Entities nicht nochmals durchlaufen werden. So kann auch ein rechenintensives Modell, welches aus beliebigen Gründen nach einem Großteil seiner Laufzeit, abbricht, schnell fortgesetzt werden, ohne nochmals den Rechenaufwand bereits simulierter Entities zu benötigen.

Insgesamt erfüllt das Modell den erwünschten Zweck. Durch Anpassung der in der Datenbank zu speichernden Werte sowie einer Übertragung des „systemabweisenden" Entscheidungsblockes ist es möglich, diese Art der Modellsicherung auf andere Modelle zu übertragen.

5 Zusammenfassung und Ausblick

Diese Arbeit dient der Darstellung der Kopplungsmöglichkeiten von Simulationssoftware und Datenbanken. Dabei wurden ausgewählte Softwarebeispiele und technologische Grundlagen zur Kopplung von Programmen vorgestellt. Anschließend wurden die Ziele der Verbindung beider Technologien vorgestellt. Ebenso wurde auf die Umsetzung der Ziele in die Beispielanwendungen ARENA und Access eingegangen. Ein Beispiel zur Fortsetzung eines abgebrochenen Simulationslaufes auf Basis der Kopplung von ARENA und Access stellte eine praktische Umsetzung dar.

Die Kopplung der beiden Technologien erscheint in jedem Fall sinnvoll und birgt ein großes Nutzenpotential. Allerdings ist bei der spezifischen Umsetzung auf ARENA und Access klar geworden, dass nicht alle theoretischen Kopplungsmöglichkeiten komfortabel unterstützt werden. Die Fokussierung beider Programme auf VBA und ActiveX liefert aber eine gute Basis zur Unterstützung bestehender Ansätze, aber auch im Hinblick auf zukünftige Erweiterungsmöglichkeiten zur Verbesserung der Nutzerfreundlichkeit.

Generell ist zu sagen, dass durch die ODBC- Standards und das CORBA- Modell sehr offene, vielseitige und zukunftsorientierte Möglichkeiten bestehen, Daten und Informationen zwischen Applikationen und Datenbanken auszutauschen. Das Fortschreiten der Technik ist allerdings aus heutiger Sicht nicht abzuschätzen und so kann es sein, dass moderne Ideen und Ansätze, wie beispielsweise CORBA, in wenigen Jahren bereits als veraltet angesehen und durch neue Standards ersetzt werden.

Literaturverzeichnis:

Cummings, S: VBA für Dummies, 2002, Bonn

Datenschutzzentrum: Sicherer durchs Netz – Active Content, 1999, http://www.datenschutzzentrum.de/selbstdatenschutz/safer/browser/actcntnt/activex.htm, letzter Zugriff: 17.05.2004

Heuer, A.; Saake, G: Datenbanken: Konzepte und Sprachen, 2. Auflage, 2000, Bonn

Kirk, A: „ComputerPartner Online-Fachzeitschrift für den IT-Handel", 1998, http://www.computerlexikon.com/cp/?q=176&w=1, letzter Zugriff: 17.05.2004

Lassmann, W. (Hrsg); Picht, J.; Rogge, R: Wirtschaftsinformatik Kalender 2001, 2000, Esslingen

Rockwell Software: ARENA Online Help, 2002

VDI (Verein Deutscher Ingenieure): Richtlinie 3633 - Simulation von Logistik-, Materialfluß- und Produktionssystemen Begriffsdefinitionen, 1996, Berlin

Wikipedia: Microsoft Access – Wikipedia, 2004, http://de.wikipedia.org/wiki/Access, letzter Zugriff: 17.05.2004

26

www.ingramcontent.com/pod-product-compliance
Lightning Source LLC
La Vergne TN
LVHW092354060326
832902LV00008B/1039